Múltiplos
olhares
CONSTRUINDO REFLEXÕES POÉTICAS

Editora Appris Ltda.
1.ª Edição - Copyright© 2023 do autor
Direitos de Edição Reservados à Editora Appris Ltda.

Nenhuma parte desta obra poderá ser utilizada indevidamente, sem estar de acordo com a Lei nº 9.610/98. Se incorreções forem encontradas, serão de exclusiva responsabilidade de seus organizadores. Foi realizado o Depósito Legal na Fundação Biblioteca Nacional, de acordo com as Leis nᵒˢ 10.994, de 14/12/2004, e 12.192, de 14/01/2010.

Catalogação na Fonte
Elaborado por: Josefina A. S. Guedes
Bibliotecária CRB 9/870

S729m 2023	Souza, Emerson Garcia de Múltiplos olhares : construindo reflexões poéticas / Emerson Garcia de Souza. – 1. ed. – Curitiba : Appris, 2023. 70 p. : il. ; 21 cm. Inclui referências. ISBN 978-65-250-4523-8 1. Poesia brasileira. 2. Leitura. 3. Escrita. I. Título. CDD – B869.1

Appris
editora

Editora e Livraria Appris Ltda.
Av. Manoel Ribas, 2265 – Mercês
Curitiba/PR – CEP: 80810-002
Tel. (41) 3156 - 4731
www.editoraappris.com.br

Printed in Brazil
Impresso no Brasil

Emerson Garcia de Souza

Múltiplos olhares
CONSTRUINDO REFLEXÕES POÉTICAS

Appris
editora

FICHA TÉCNICA

EDITORIAL Augusto Vidal de Andrade Coelho
Sara C. de Andrade Coelho

COMITÊ EDITORIAL Marli Caetano
Andréa Barbosa Gouveia (UFPR)
Jacques de Lima Ferreira (UP)
Marilda Aparecida Behrens (PUCPR)
Ana El Achkar (UNIVERSO/RJ)
Conrado Moreira Mendes (PUC-MG)
Eliete Correia dos Santos (UEPB)
Fabiano Santos (UERJ/IESP)
Francinete Fernandes de Sousa (UEPB)
Francisco Carlos Duarte (PUCPR)
Francisco de Assis (Fiam-Faam, SP, Brasil)
Juliana Reichert Assunção Tonelli (UEL)
Maria Aparecida Barbosa (USP)
Maria Helena Zamora (PUC-Rio)
Maria Margarida de Andrade (Umack)
Roque Ismael da Costa Güllich (UFFS)
Toni Reis (UFPR)
Valdomiro de Oliveira (UFPR)
Valério Brusamolin (IFPR)

SUPERVISOR DA PRODUÇÃO Renata Cristina Lopes Miccelli

ASSESSORIA EDITORIAL Letícia Gonçalves Campos

REVISÃO Simone Ceré
Samuel do Prado Donato

PRODUÇÃO EDITORIAL Bruna Holmen

DIAGRAMAÇÃO Yaidiris Torres

CAPA Sheila Alves

REVISÃO DE PROVA Raquel Fuchs

Dedico este livro, primeiramente, à minha família, que sempre esteve ao meu lado, me incentivando a dar continuidade às minhas escritas e a jamais desistir.

Aos meus entes queridos que, infelizmente, não se fazem mais presentes neste plano terrestre e que, de alguma forma, também foram fontes inspiradoras em determinadas escritas.

Também dedico esta obra aos meus alunos, que foram pura inspiração com suas diversas personalidades e seus cotidianos.

E, por fim, dedico este livro a todos os profissionais da Appris envolvidos no desenvolvimento desta obra, fazendo com que esta publicação acontecesse com êxito.

Agradecimentos

Primeiramente, gostaria de agradecer a Deus pela graça concedida. Por sempre estar ao meu lado e, independentemente de tudo, jamais me abandonar em tempo algum.

Agradeço à minha filha, Isadora Falcão de Souza, que foi fonte inspiradora para a criação de muitos poemas presentes nesta obra.

À minha mãe, Vera Lúcia, que, incondicionalmente, esteve ao meu lado, me aconselhando nos momentos mais turbulentos da vida.

A minha irmã Elisiane e ao cunhado Adriano, por sempre me incentivarem a seguir em frente e a jamais desistir, acreditando no meu potencial.

A Jonas, meu companheiro, que me direcionou nos momentos de dúvida e me auxiliou no objetivo de ser criativo.

Aos escritores Lívia Petry e Henrique Veber, por me inspirarem com suas obras, sendo também referenciais, e pela grande amizade.

E, finalmente, a toda a equipe da Editora Appris, pelo comprometimento e dedicação com que trataram a publicação desta obra.

*Creio numa força imanente
Que vai ligando a família humana
Numa corrente luminosa
De fraternidade universal.*

(Cora Coralina)

Prefácio

Múltiplos olhares: a tradição simbolista e romântica na poesia de Emerson Garcia de Souza

T.S. Elliot e Theodor Adorno coincidiam em suas teorias de que a poesia tinha, sim, uma função social. Para Elliot, ele poeta, além de teórico, essa função da poesia residia no aprimoramento da língua, na transposição de sentidos que as palavras ganhavam ao serem introduzidas no poema de outra maneira, diferente do uso coloquial delas.

Assim, o poeta é uma espécie de Demiurgo das Palavras, pois ele cria novos mundos a partir delas, dá nova existência à linguagem escrita, traz para o leitor o tanto de novidade, originalidade e estranhamento. Emerson Garcia de Souza, em seu livro de estreia na poesia, traz esse travo do novo, do original em muitas das passagens de seus poemas.

Transitando entre a tradição romântica e simbolista, até chegar aos dias atuais, Emerson nos brinda com um livro sensível e cheio de tons e semitons do Amor. Partindo de experiências próprias, partindo do mais íntimo de sua existência, o autor cria poemas que falam direto ao leitor. Poemas existencialistas ao gosto de Sartre, poemas românticos e simbolistas que não devem nada a Cruz e Souza, a Eduardo Guimaraens ou mesmo Baudelaire.

Assim, no poema "Eternidade", o poeta clama:

"Deseja-se amor, zelo e cuidado / ser feliz de fato e de verdade / E assim ser livre de todo fardo / rumo à infinita eternidade."

Seguindo de perto os simbolistas, que tinham por obra a arte de sugerir estados de alma, e mais que isso, tinham a missão de serem os visionários da sociedade, Emerson traz para dentro de suas poesias o diálogo com a transcendência, com o que é universal e eterno.

Para o movimento simbolista, a poesia era uma espécie de partitura musical, em que sons, letras, fonemas formavam uma única melodia. Emerson vem a propósito disso e escreve em "Perpetuar": "Onde o poeta se encontra / aonde vai e donde vem/ é exatamente na construção. / Vira música, letra, melodia e canção".

Já no poema "Incógnitas do coração", ele segue de perto os tormentos de Cruz e Souza: "Região inóspita / de calabouços não visitados / (por outrem) / Coração turbulento! / Encontro a serenidade / (necessária) / no envolver de um abraço".

Outro traço digno do Simbolismo é o uso de deidades gregas e latinas para personificar as várias nuances das emoções humanas. Assim, Narciso aparece como mito transfigurado no poema "Escolhas": "Filho de Narciso / acredito ser/ Não com alguma pretensão. / Apenas pertencer./ Afrodite reneguei / Ato falho, eu sei / Não pela renúncia / mas pela beleza oculta / (e não revelada) / Ambos não possuem medo / mas este receio / (o de não existir)".

Da mesma forma no poema "Natureza" Emerson resgata a tradição de Baudelaire e Eduardo Guimaraens e faz uma releitura de ambos os poetas. No caso, do soneto *"Correspondances"* de Baudelaire e do poema *"A alma das coisas"* de Eduardo Guimaraens:

"Diante dos nossos olhos / a existência de mundos secretos / que respiram e transpiram libertos / que exalam vida dos poros / [...] Tudo na perfeição do seu nicho / grandioso é este apreciar / espetáculo diverso da mãe natureza".

Revelando um romantismo exacerbado e um erotismo bem construído, sem tornar-se vulgar, o poeta vai desenhando sutilezas por suas páginas, seja na "Timidez": "Vejo-te logo ali / e eu tão aqui / que acabo esquecendo de mim / te vejo perto / mas tão perto.../ ...que simplesmente desperto-me".

Seja no "Ato Profundo": "Nos gemidos dos lençóis / só nós. / A mão que toca tua pele / os corpos se inflamando / num desejo descomunal".

Versátil no seu fazer poético, Emerson cria distopias amorosas e existenciais como no poema "Algum Lugar": "Improvável é onde estamos / Incógnito, onde queremos estar. / Chegamos onde, talvez, não quiséssemos chegar". E no poema "Vidas": "Vidas tristes / frustradas / vazias/ [...] Vidas, que sonhavam / que esperavam / que batalhavam / por um futuro / (incerto)".

Se a vida é uma metáfora de Deus, ela bem pode ser um trem. E nesse trem-bala da vida encontramos a poesia. A poesia que existe para além de qualquer conceito como diz o autor no metalinguístico "Conceito-poema": "Sobre o poetizar / não sei ao certo/ só sei que o poema / é o Eu lúdico/ o Eu íntimo / que se manifesta em ideias / em palavras / em constante desatino".

Assim, de desatino em desatino, vamos construindo nosso fazer poético, dando vida à lira e às melodias que vêm dela. E feito o poema "Trem" podemos dizer: "Na chegada deste trem / chamado Vida / desceremos na plataforma escolhida/ o desejo de pertencer a algum lugar / faz desta viagem/ jamais esquecida". Que a viagem deste livro te leve para a plataforma mais linda, a plataforma escolhida da poesia.

Lívia Petry Jahn
Pós-doutorado em Literaturas Lusófonas pela UFRGS/Capes,
poeta, escritora

Sumário

Onomatopeias da vida 17

Silêncio! 18

Tempo 19

Fluxos de um sentimento 20

Grilhões d'alma 22

Aliteração 23

Nós 24

Encontrar-se 25

Você I 26

Se joga 27

Temendo Saturno 28

Às águas 29

Não merecedores 31

Incógnita 32

Memórias I 33

Criação 34

Simplesmente arrebatadora 35

Eternidade 36

Conceito-poema 37

Perpetuar 39

Tempo II 40

Incógnitas do coração..............................41

Escolhas 42

Algum lugar 44

Humanidade 45

Quietude 46

Âncora..............................47

Adverbiando 49

Cardeal 50

Reclusão..............................51

Vidas! 52

Insônia 54

Soneto al Uruguay 55

O trem..............................56

Timidez..............................58

Página virada..............................59

Ato profundo 60

Natureza..............................61

Você II 62

Sabiá..............................63

Jogo da vida I 65

POSFÁCIO 67

Onomatopeias da vida

Clack!
Algemados então, pela própria liberdade
Forasteiros em terra alheia
Andarilhos em Terra de ninguém.

Ninguém? Quem disse?

Ludibriados pela promessa
De um amanhã
Que tarda em chegar.

Ops!
Esperançosos,
Cruzam os braços e nada fazem
Acreditando, dessa forma
Que grandes peripécias acontecerão.

Bang-Bang!
Milhões de palavras trocadas
Como se fossem projéteis
Direcionados rumo ao peito
Marcas que não cicatrizarão.

Booooommmm!!!
Eis que surge um novo brado
Um novo ímpeto
Um novo amanhã...
...são novos olhares
Sentimentos que ganham graça, vida e cor
— RESISTÊNCIA!

Silêncio!

Entre laços e desenlaces
Me faço um eunuco.
Nada sei,
Nada vejo,
Nada escuto.

Apenas o suficiente, para ficar no mais ensurdecedor
silêncio...
... e assim,
Permanecer prostrado
Diante daquele que me atormenta:
O [temido] segredo
Que alma afugenta
Servo de informações vis
Quanta desonra a plenos ouvidos
Saber das amarguras da vida
Das antologias vividas
Me faz
[simplesmente]
Ser o que sou
O portador de histórias
Das rupturas sofridas.

Tempo

Tic-Tac!
Tic-tac!
Tic-tac!
Entre uma badalada e outra
Tentativas de não pensar em você
[Aliás, não pensar em nada].

Olho para os ponteiros
Eles insistem em me desafiar.
Badaladas em meio à madrugada
Palpitadas no peito, pancadas na alma
Que infortúnio não ter notícia alguma!

Cada segundo, um martírio
[Enlouquecedor].
Chronos não ajuda; não favorece
Simplesmente desmerece.
Momento obscuro e de lamento
Busca-se redenção na presença
Antes outrora fora ausência.

Liberdade então, desse sofrimento.
Para o caos que me fora causado
Diante de tão negligente tristeza
Só me resta este insólito momento
para então chamar
[de tempo].

Fluxos de um sentimento

Ansiosos pela solicitude da vida
Pesa no peito esse intrínseco desejo
O ato de amar é um doce ferir-se...
[Não sei]
O que posso esperar?

Parte de uma juventude,
Que desatina
Pelo imediatismo vitalício,
Mas fazer o quê?...
... não sou paciente!

Ah! A paciência?
Interessante recordar de
Tão nobre sensação
Eis um segredo para o sucesso.

Um século que negligencia o afeto
Desprezando a empatia
Valorizando sentimentos torpes
Coração de aço
Definhas ao rubro toque
Pois ao final de cada ciclo,
Encaminha-me ao ato sugestivo...

Num breve tilintar,
Se nutre um vasto coração.

Deixo aqui o meu recado.
Não se sinta mal
E pressionado
Se você não se encaixar
Num amor mal selecionado....

A tentativa sempre é válida
Mesmo para quem sofre as consequências!
Por se entregar demais e ter feito de tudo
Por alguém...
[...que apenas foi uma "experiência"].

Grilhões d'alma

Ah, esses grilhões!
Prendem minh'alma
Como presa
Na arapuca.

Me direcionam
À submissão e
À tradição cruel
Rumo à
Emboscada.

Sentimentos
Me confundem
E o coração se tornou
Meu inimigo.

Entre mentiras e verdades
Minha doce ilusão,
Liberdade.

A l it er ação

A sensacional sensação
De ser surreal
Sendo, simplesmente,
Uma surpresa sem igual.

Nada de se sabotar.
Sem sarcasmo
Ou solitário cinismo.

Se necessário...
... assim seja.
Surpreenda-se.

N ós

Eu?
Você?
Quem vai saber?
[Originais]
Apenas ser quem é!
Nada mais.
Loucuras...
... quem nunca?
Dois
Sendo partes de um.
O todo: constante doar-se
 Em um eterno aprender.

Encontrar-se

Curvas retilíneas de enamorar-se
Voltas que a vida dá
Depois de desfiladeiro entre lá e cá
Momento de encontrar-se.

Na corrida perene do tempo
Imersão na profundidade, e
Pela busca solene da felicidade
Na vida, encontrar mais cor.

Cruel é este desfiladeiro
Sentimentos que aturdem sutilmente
Como mandinga de feiticeiro.

Reflexivo, a empatia assim perdura
No tênue tecido das memórias
Encontrar-me em prazerosa loucura.

Você I

Personificação dos meus sonhos
Objeto de desejo
Presença constante no meu coração.

Você!
Fez o quadro abstrato da minha vida
ganhar forma e cor.

Você!
Me fez entender que o amor
É um constante ceder.

Você!
Figura ilustre do mais alto e profundo patamar
Dos meus sentimentos.

Você!
Libertação da minh'alma calejada
Pelas desventuras do amor.

Você!
A quem merece tal zelo, afeto e atenção
E diante de um jamais se esquecer,

Minha cura para as feridas; minha solução.

Se joga

Diante dos mais densos obstáculos
Que a vida nos apresenta,
Enfadados, e mesmo que:
Triste
Ou frustrado;
Desesperançoso,
Ou decepcionado;

Se jogue na vida;
Erga a cabeça
 E faça acontecer.

Há um sol que brilha acima de nuvens turbulentas
Que devolve a vida e levanta os ânimos
Renova as forças como titânio
E sacia a sede das almas mais sedentas

Faça a vida valer a pena
Não deixe de se pertencer
Simplesmente se jogue...
... e faça acontecer.

Temendo Saturno

Oh, deuses cruéis!
Fazem do poder o seu domínio.

Regentes das regras e das leis.
A diretriz e a ordem os acompanham.

Em especial, a menção de um deus
És, Saturno, o mestre da disciplina.

Difícil, contigo, é manter convívio
Pois considera-te supremo Rei.
És Saturno: equilibras o tempo e a vida.

Recear-te pela postura que tens
Será sabedoria ou loucura?
Quem te conhece, sabe:
Longe de ti está a doçura.

Diante dos teus atos
Perante todos os fatos
Não havendo nem mais visão
Nem mesmo tato.

Te intitulas o dono do mundo
Dessa forma o acuado e covarde ser
Vai tremendo Saturno.

Às águas

Fluem lânguidas
Tranquilas e calmas
As águas que lá caem.

Aqui dentro, deságuam
Como grande tormenta
Tempestade de emoções
Grandes fluxos e suas incógnitas.

Esvaem-se por entre as mãos
Por serem voláteis as águas
Perigosas e traiçoeiras
Ao mesmo tempo que
Refrigério para a alma.

As mesmas que traem
São as mesmas que curam;
As mesmas que podem matar
São as mesmas que podem salvar.

Estas águas e sua dualidade,
Quem as entenderá?

Quando gélidas,
Cortantes como navalhas.
Tsunami para quem não as compreende.

Erguem-se as grandes ondas,
Recuam como mansos lagos,

Questão de escolha.

Às mais densas águas, o respeito
Às mais tranquilas, o carinho
E às peripécias que elas nos apresentam
Apenas resta a admiração
O cuidado, a majestade e a exaltação.

Entre cá e lá
Uma breve diferença:
Os múltiplos caminhos
A que as águas nos apresentam.

N ão merecedores

Impetuosos são eles
Agem como selvagens
À mercê da própria sorte
Em terra alheia
Com fome e sede.

Sem escrúpulos, nada importa
Bichos mundanos e carnais
Criaturas deploráveis
Se utilizam do seu desejo
Para satisfazer a si próprios.

Atitudes vis fazem parte
de sua personalidade cruel
Empatia? Eles não a conhecem
Humanidade? Isso não lhes pertence.

Felicidade sabotada
Por impulsivas ações.
Futuro condenado
Pela natureza falha sem reações.

Afinal, o que é ser humano?

Incógnita

Não sou doutor da eloquência

Tampouco mestre da hermenêutica
Apenas dialético sou
Para expressar o que o mundo criou

Não tenho o intuito de ser Hegel
Estabelecendo em si
Uma ideia absoluta

Contradizendo método e objeto
Evocando a altivez
da mente astuta.

Memórias I

Incessantes imagens a me ofuscar
Signo imagético da alma
Lembranças de outrora para relembrar
Questões que me tiram a calma

Em todo o lugar que eu vá
Onde quer que eu esteja
Tua lembrança estará lá
Onde a nostalgia eu sinta e veja

Sentimento de pura imersão
Um doce perder-se aprazível
Comedido pela resiliência

Onde a lânguida e tenra dispersão
De poder absoluto e incrível
É limitado por breve vivência.

Criação

Cria a ação
Recria e age

Toma uma atitude nos momentos fugidios
Ergue-te e faz o que ninguém imagina
Imagina?
Imaginação!

Imagina ação
Imagina e age
Põe em prática tuas ideias

Que os teus pensamentos sejam tão puros
E que a Poesia
Abrace a tua natureza de escrever

Entretanto, que o encanto
Esteja apenas no seu canto

E que o fascínio da escrita
Te permita apenas Ser.

Simplesmente arrebatadora

Conversas!
Uma janta e risos
Tudo se faz diferente
Mudaste a minha mente
Uma atitude de grata recepção

Meio confuso, surpreso com tudo
Nem sei o que buscava
Dos caminhos em que andava
Procurando, quem sabe, pelo teu rosto
Em nuances jamais vistos

Percebo que nada faz sentido
De tudo o que vivi
[até aqui]

A procura incessante
Pelo beijo marcante
Ao qual a loucura
Instalada nos corpos
É, simplesmente, arrebatadora.

Eternidade

Através da máquina do tempo
Viaja-se por galáxias de sentimentos
E nebulosas de emoções.

Tudo não passa de um momento
Começos e encerramentos
Impactando os corações.

A alma prende-se às memórias
Das mais felizes às mais cruéis
Trazendo à tona as histórias
Desenrolando os carretéis.

Deseja-se amor, zelo e cuidado
Ser feliz de fato e de verdade
E assim, ser livre de todo fardo
Rumo à infinita eternidade.

Conceito-poema

Sobre o poetizar
Não sei ao certo

Só sei que o poema
É o Eu lúdico, o Eu íntimo
Que se manifesta

Em ideias, em palavras
Em constante desatino

Como conceituar a rigor
Aquilo que não tem conceito

Há métrica, há som
Há ritmo, há tom
Mas não há um exato enredo

Divagações, ideias surreais
Realismos concretos, quem sabe?
Apenas aquele que escreve
É quem se permite descobrir
o segredo da Poesia.

Profunda e encantadora
Impactante, ao mesmo passo
Que desafiadora

Poesia desnuda e acalenta
Abrange e envaidece

Sempre alcança quem merece

Poetizar é se deixar levar
Ao vento, se permitir sonhar
À terra, se permitir concretizar
Ao fogo, se permitir incendiar
À água, se deixar, simplesmente

Perpetuar

Onde o poeta se encontra
Aonde vai e donde vem
É exatamente na construção

Vira música, letra, melodia e canção

Melodia da vida, do pensamento
De uma ideia, e um sentimento

Assim sendo, não nos limitemos
Poetizar é ir para mais além
Embora se escreva mal, ou se escreva bem

Poesia é tudo isso... e muito mais!
Escrevamos sempre.
Afinal,
Escrever é o que se FAZ.

Tempo II

Horas?
Memórias?
Vamos embora?

Quem sabe? Afinal, nunca é tarde!

O tempo passa
E com ele, é tudo ou nada.

Brevidade de vida
Tão delicada e sucinta!

Altos e baixos
São os momentos corriqueiros.

Tão vivo e tão intenso
Passa tão ligeiro!

Apenas o instante
Para se chamar de tempo.

Incógnitas do coração

Região inóspita
De calabouços não visitados
[por outrem]
Tempos modernos
Ao qual rejeitas a revolução
Das atitudes fúteis

Coração turbulento!
Encontras a serenidade
[necessária]
No envolver de um abraço.

Divã de emoções intrínsecas
Sois ao anoitecer.

Enquanto o fulgor do sol se esconde
[ao cair do crepúsculo céu]
A lua afaga ternamente o mar
Privilegiando as mentes e os olhares
[mais atentos]...

...[íntimos].
Enfim, paradoxos resolvidos.

Escolhas

Filho de Narciso
Acredito ser.
Não, com alguma pretensão.
Simplesmente pertencer.
Afrodite, reneguei.
Ato falho, eu sei.

Não pela renúncia
Mas pela beleza oculta
[e não revelada].

Ambos não possuem medo
Apenas este receio
[o de não existir]

Assim, vejo-me refletido numa imagem
Narciso me acompanha
Neste espelho d'água.

Indago-me sobre a personalidade humana
E suas antíteses cotidianas

Ainda assim,
Meu ego rejeita o altruísmo.
Julgo ser personificação de Narciso
E herança de Afrodite.
Desmedidas, às vezes são as palavras,
Intangíveis as ações.

E ao final,
Restam apenas
O Eco
[e o silêncio].

Algum lugar

Tantos caminhos
Incertos destinos
Redemoinhos...

Andamos, corremos
Mas permanecemos
No mesmo lugar.

Improvável
É onde estamos.
Incógnito,
Onde queremos estar.

Chegamos
Onde, talvez,
Não quiséssemos chegar.

Surpresas da vida
Pois, enfim, chegamos...
...em algum lugar.

Humanidade

Somos todos filhos da terra
Mãos dadas, juntos agora
Indiferença, sai daqui... vai embora
Tornando afável o que a união encerra.

Estenda tuas recolhidas mãos
Não hesites no teu gesto
Assuma teu livre manifesto
Daqui, reconhecer-se como irmãos.

Ver no outro, a si mesmo
Tarefa difícil e grande desafio
Tomar para si lutas alheias.

Não caminhar a mero esmo
Assim como deságua o sábio rio
Seguindo adiante, unidos, com sangue nas veias.

Quietude

Um silêncio amargo
Se fez presente.

Da notícia dada
Já não se tem,
A doce palavra,
Que se faz ausente.

O amor que outrora
Nutria a juventude
Hoje, jaz... para não mais voltar
Reinando a quietude.

O fardo e a dor fazem a junção
Para dar fim, ao sofrido coração.

Âncora

És base fundamental de vida
Alicerce essencial para a alma
Palavra firme para erguer
Música aos ouvidos a comover.

Sois a estrutura forte que sustenta
O mantimento que alimenta
O provedor em todos os momentos
Contigo não perdura o sofrimento.

Pesada é a caminhada
Árdua e sofrida essa jornada
Quem tem fé segue, e ergue a cabeça
Independentemente do que aconteça.

Contigo ao meu lado não há decepção
Pois tu me livra no dia da tribulação
Sabes bem do que necessitamos
Não o que queremos, mas o que precisamos.

Tudo tem um período para acontecer
Cada coisa no seu lugar, no seu tempo determinado
Deixe a compaixão interior florescer
E veja o amor ser disseminado.

Permita que os bons sentimentos fluam de você
Acredite, não existe nenhum mal que dure para sempre
Pois você ainda vai perceber
O quão importante é e que se lembrem.

Meu porto seguro em dias de tempestade
Meu abrigo em momentos de tormenta,
Minha âncora onde fico tranquilo
Meus ouvidos, meu ombro amigo.

Adverbiando

Lá ou Cá?
Sei lá!

Aqui? Ali?
Posso repetir.

Sim ou não?
Que confusão!

Vai e volta!
Que revolta!

Mais? Menos?
O que diremos?

Antes ou depois?
Qualquer um, sendo a dois!

Muito e pouco?
Estou quase louco.

Penso, definitivamente,
Em adverbiar,
E, efetivamente,
Sua escrita exaltar.

Cardeal

São seis horas da manhã
Ecoas o teu canto ao sol
Teu vermelho imponente
Se revela no brado que dás

Teu topete
É teu charme evidente
Vermelho escarlate
Que encanta e fascina.

Na tua semântica
Existem vários significados
Do pássaro de canto agudo
Ao divino eclesiástico.

Nos abençoe com o teu doce canto
Nos hipnotize com a tua doçura
Acordar ao teu som primaveril
É privilégio de poucos.

Reclusão

Enclausurados fomos
Impedidos de manifestação
Impossibilitados ao toque
Limitados, apenas, à fala.

Requerer o calor humano
Se faz um (impotente) desejo
De querer pertencer
Às rodas de companhia.

Amigos, família e amores
Por que tão radical distância?
Imprevistos de um (longo) momento
Notícias de um imenso instante

Angústias providas de imprevistos
O tempo não ajuda
Indivíduos sedentos por respostas.
Inaceitação de tal devastação

Busca-se, incansavelmente, a solução
Da quietude e reclusão já não se aceita mais
Do casulo imposto à humanidade
Esperança e liberdade.

Vidas!

Vidas tristes
Frustradas
Vazias.

Vidas!
Que foram roubadas
Iludidas
Aniquiladas
Por uma esperança
Que tarda em acontecer.

Vidas!
Que outrora eram,
E hoje já não são.

Vidas estas,
Que traziam o brilho no sorriso
A energia na presença
O afeto no abraço
E a felicidade da companhia.
E hoje, já não mais.

Vidas,
Que sonhavam
Que esperavam e
Que batalhavam
Por um futuro (incerto).
Que se debruçavam
Sobre a crença

De um novo amanhã.

Mas que, acima de tudo,
Nunca deixaram de existir.
Jaguarão

Ao despontar de um novo dia
Vejo-te tímido, discreto e
Silencioso.
Acordas mansamente
ao som de canarinhos,
pica-paus e pardais.
A natureza já preparou tudo
para o teu labor.
Te ergues forte
diante dos raios fúlgidos
que tocam tua terra.
Tua gente,
é gente guerreira
que não teme uma boa luta.
Cidadãos de bem que valorizam a boa tradição.
Sem mais...
Homenageado sejas,
município de Jaguarão.

Insônia

Memórias traiçoeiras
A mente é cruel
E devaneia.

O descanso
é mero intuito.
O espairecer
Já virou mito.

Perturbações me aturdem.
Alma angustiada
Pensamentos confundem
A mente atribulada.

Faz da realidade
Um pesadelo constante
Múltiplas inquietações
Me faz um reclamante.

Preocupações me tiram o sono
Atritos me roubam a calma
Indagações mentais noturnas
Conflituosas as perguntas da alma.

Soneto al Uruguay

A profunda admiração e o pleno respeito
Ao herói jamais esquecido
Pelo diálogo proferido
E pelas lutas travadas no pleito

A Artigas, a homenagem por direito
O louvor de outrora, merecido
    Pelas angústias que lhe fora despido
Característica de soldado matreiro

Terra acolhedora, de lindas praias e gente guerreira
Montevideo, Punta Del Este e Treinta y Três
Faça a sua escolha para a viagem

Reciprocidade e sorriso de gente faceira
A todas as chegadas e saídas, uma por vez
Faz juízo à sua imagem.

O trem

Múltiplos caminhos
Vários condutores
Alguns vagões
E inúmeros passageiros.

O trem que, geralmente, chega
É o trem que, consequentemente, irá partir
O momento do tão sonhado encontro
Também será o da triste despedida.

Múltiplos são os caminhos das possibilidades
Vários são os indivíduos que nos conduzem
A algum lugar...
Muitos são os vagões carregados de momentos.

Emoções oscilam como roda-gigante
Nessa montanha de altos e baixos
O encontrar o seu lugar
É o desafio proposto.

E, infinitamente,
São os passageiros que
Irão desembarcar em alguma estação
Desta plataforma chamada vida.

Vidas carentes, iludidas, descrentes
Quiçá viver tão fragilmente
Na sua individualidade, buscando se encontrar
E o seu caminho assim achar

Na chegada deste trem, chamado vida
Desceremos na plataforma escolhida
O desejo de pertencer a algum lugar
Faz desta viagem, jamais esquecida.

Timidez

Vejo-te logo ali
E eu tão aqui
Que acabo esquecendo de mim.

Te vejo perto,
Mas tão perto...
... que simplesmente desperto-me.

Você, tão presente
E eu tão ausente
Que, ao resto
Percebo-me indiferente.

Mania de não me expressar
Não me achego à coragem
E assim deixar fluir

Sinto falta da ousadia
É fato, ela não me acompanha
Coisas desta vida
Acabam virando lembrança.

Página virada

Vire esta página escura
Página encardida
Que não se consegue
Mais compreender.

Leia a página branca
Página clara e de boa escrita
Que a leitura possa conceber.

Faça mais, faça além
Não leias as páginas de outrem
Que ali já são passados.

Construa o teu próprio contexto
Tua escrita, tua vida, teu caminho.

Erga, hoje, o teu império
Pois amanhã,
Será mera história.

Ato profundo

Nos gemidos dos lençóis
Só nós.

A mão que toca tua pele
Os corpos se inflamando
Num desejo descomunal.

Desejo, carne e tesão
Pura volúpia

Movimentos contínuos
Em busca do prazer.

Beijos e carícias
No teu corpo a dominar.

E no todo,
Verso e reverso

Na ponta da língua
O segredo maior

Boca, mãos e dedos
Partes de um ato crucial

Gozo para a alma
Euforia e êxtase total.

Natureza

Diante dos nossos olhos
A existência de mundos secretos
Que respiram e transpiram libertos
Que exalam vida dos poros

Todas as formas de existência
Se comunicam e interagem
Na mais linda linguagem
Sem nenhuma discrepância

Entre flores, plantas, rios e bichos
É tão variado o que observar
E o ciclo segue o seu curso com beleza.

Tudo na perfeição do seu nicho
Grandioso é este apreciar
Espetáculo diverso da mãe natureza

Você II

A simplicidade que encanta
O olhar que perturba
A meiguice que atordoa
O sorriso que atrai.

Nos teus pequenos gestos
Percebo-me confuso
Diante de tal simplicidade.

No teu olhar profundo
Sinto-me atônito
Em meio a tanta profundidade.

Em tua personalidade serena
Doces palavras
Que enebriam a alma com verdade.

No teu singelo sorrir
Vejo-me perdido em devaneios
Pois teus lábios me são a tranquilidade.

S abiá

O sábio
Sabiá
Sabia.
Aliás... sambava.

Vós, que vedes
A verdade...
...vastidão,
Longínqua visão.

Surpreendentemente,
Significava.
E assim,
Sua mensagem selava.

Vida alada.
Às vezes violada
Mas, nem sempre,
vetada.

Seu canto sussurrava.
Sua melodia, uma serenata.
Não ouvi-lo,
Um sacrilégio.

Vide a vida alheia
Outros cantos
Vidas vazias.
Vidas que vagueiam.

Sabiá-una? sabiá-coleira?
Sabiapoca,
ou quem sabe,
O laranjeira.

Vulcão em evidência
Teu ritmo encanta
Vejas que nada é em vão.
Neste teu canto de solidão.

O ferreiro eu já presenciei
E o caraxué?
Não sei,
Apenas me indaguei.

Sábio e síncrono sabiá,
Cantes o teu canto matinal
E a solitude, a espantes
Para não mais voltar.

Jogo da vida I

Ah! Em todos os dias
Sempre um embate.
Lutas diárias
A base de chicote.

Pancadas,
Murros e
Esporros...
...de tudo um pouco.

Ânimo para acordar
Foco para se levantar
E muita determinação
Para não desanimar.

Foco no objetivo almejado
Fé no sonho nutrido
Perdão ao sentimento ferido
E resiliência ao que fora conquistado.

Nesse deslocamento intrínseco
Duras etapas de idas e vindas
Onde a proposta é difícil e árdua
Prazer, sou o jogo da vida.

Posfácio

Um poeta em movimento

Se você chegou até aqui, já deve ter lido todos ou, pelo menos, parte dos poemas de *Múltiplos olhares*, do poeta Emerson Garcia de Souza. Este posfácio não tem por intenção condicionar uma explicação do conjunto dos poemas já lidos, dos quais o leitor já teve sua experiência imediata, nem mesmo delimitar sentidos discursivos propostos pelo autor que possam estar ocultos, mas sim ampliar as possibilidades perceptivas por meio do diálogo entre texto poético, recepção do leitor e uma análise organizada que me proponho a fazer aqui.

Emerson Garcia de Souza se mostra um poeta disposto a experienciar diversas formas do fazer poético:

- da mimese da tradição do classicismo, ao explorar a temática greco-romana em "Temendo Saturno", ou evocando os mitos para uma reflexão madura sobre a natureza narcísica e egoica do eu lírico, quiçá da humanidade, como em "Escolhas";

- relações da linguagem com questões existenciais como em "Onomatopeias da vida", ou que se debruçam mais como experiências de linguagem como "Aliterações" e "Adverbiando" — o professor de língua portuguesa Emerson se manifestando junto ao poeta —, ou ainda diretamente metalinguísticos como "Criação", "Conceito-Poema" e "Perpetuar";

- a exaltação à natureza em "Cardeal", "Natureza" e ainda em "Sabiá", destaque ao fazer uma analogia entre o canto do sabiá e a musicalidade dos versos, cheios de ritmos e aliterações, harmonia de forma e conteúdo;

- o poema em homenagem à cidade de "Jaguarão" e "Soneto al Uruguay";

- e o erotismo de "Ato profundo".

Como livro com a marca da multiplicidade, as formas e temas são diversas no conjunto de poemas, no entanto, Emerson já anuncia algumas predileções formais e temáticas. A preocupação rítmica em manter musicalidade aos versos, seja por meio de rimas intercaladas, nas constantes aliterações, seja pela predominância dos versos livres, são marcas formais em todos os poemas. Em relação à temática, um tom reflexivo, e por vezes existencialista, permeia parte considerável dos poemas. Assim surgem as relações paradoxais de dualidade, da liberdade, das sensações, dos sentimentos e do tempo, do poeta que se pretende dialético como declarado no poema "Incógnita".

A liberdade é vista como horizonte de desejo para uma vida plena, mas também como uma prisão do desejo, como nos assinalam os versos de "Onomatopeias da vida": "Algemados então, pela própria liberdade".

Outra marca de dualidade é a relação das sensações e dos sentimentos que ora são vistos como peso e geradores de angústias e dor, ora vistos como necessários para realização de nossa humanidade e de bem-estar, algo que transparece em poemas como "Fluxo de sentimentos", "Grilhões da Alma", "Encontrar-se" e o excelente "Águas".

O tempo também é uma temática constante explorada em sua relatividade, como na ausência de uma pessoa amada em que o tempo passa devagar, como no poema "Tempo" e a percepção contrária de sua brevidade no poema "Tempo II".

Múltiplos olhares é um despontar do poeta em movimento, sem medo de mergulhar nas dualidades da existência humana e, igualmente, sem medo de fazer versos simples. Este é um primeiro livro de poemas de muitos que ainda virão, de um poeta que, por sua abertura à experiência, ainda pode explorar múltiplas ideias e estéticas em seu fazer poético.

Henrique Veber
Poeta, escritor, editor e professor de escrita criativa